FOKKE & SUKKE
MAKEN ZICH KWAAD

Van dezelfde auteurs:

Fokke & Sukke hebben altijd wat
Fokke & Sukke zien het echt niet
Fokke & Sukke weten wel beter
Fokke & Sukke zijn weer thuis
Het afzien van 2000

FOKKE & SUKKE
MAKEN ZICH KWAAD

REID, GELEIJNSE & VAN TOL

Uitgeverij De Harmonie
Amsterdam

Voor Thomas en Rozemarijn

© 2001 by Reid, Geleijnse & Van Tol
Eerste druk augustus 2001
Druk: Haasbeek, Alphen a/d Rijn
ISBN 9061696305
Fokke & Sukke Webzijde: www.foksuk.nl

FOKKE & SUKKE
KOPEN DE NIEUWSTE PARTY-DRUG

HOE LANG KUN JE OP EEN PADDESTOEL, ROOD MET WITTE STIPPEN, HEEN EN WEER WIPPEN?!!

TOT 'IE KRAK ZEGT!!!

FOKKE & SUKKE
HEBBEN AAN EEN SUBTIELE HINT VOLDOENDE

FOKKE & SUKKE
KONDEN VANDAAG NIET INLOGGEN OP HET INTERNET

Wie ben jij???

Ik ben een 23-jarige blondine met een iets te klein bloesje.

FOKKE & SUKKE
NEMEN ALTIJD WAT MEE

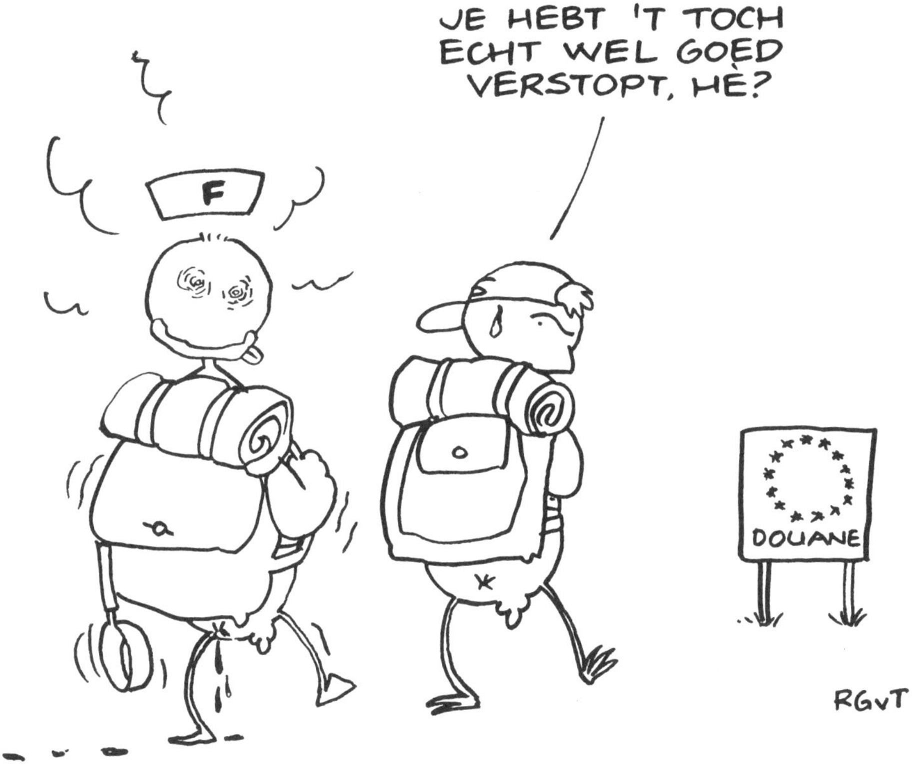

FOKKE & SUKKE
HEBBEN DE VERKEERDE KLEREN BIJ ZICH

USEUM

"...EN JIJ VROEG NOG: 'WELK LAND HEEFT ER NOU EEN NATIONAAL PARAPLU-MUSEUM?'..."

RGvT

FOKKE & SUKKE
KUNNEN DAT IN ÉÉN REGENACHTIGE DONDERDAGMIDDAG

"GROTE PLENZERS WAAR JE TOCH DOORHEEN KUNT KIJKEN"...

EN IEDEREEN ALTIJD MAAR DE BEK VOL OVER DIE 20 SOORTEN SNEEUW VAN DE ESKIMO'S!!!

FOKKE & SUKKE
LATEN DE DIA'S UIT MARAKESH ZIEN

"EN HIER ZIEN WE FOKKE DIE AGENT PER ONGELUK IETS OVER Z'N MOEDER VRAGEN."

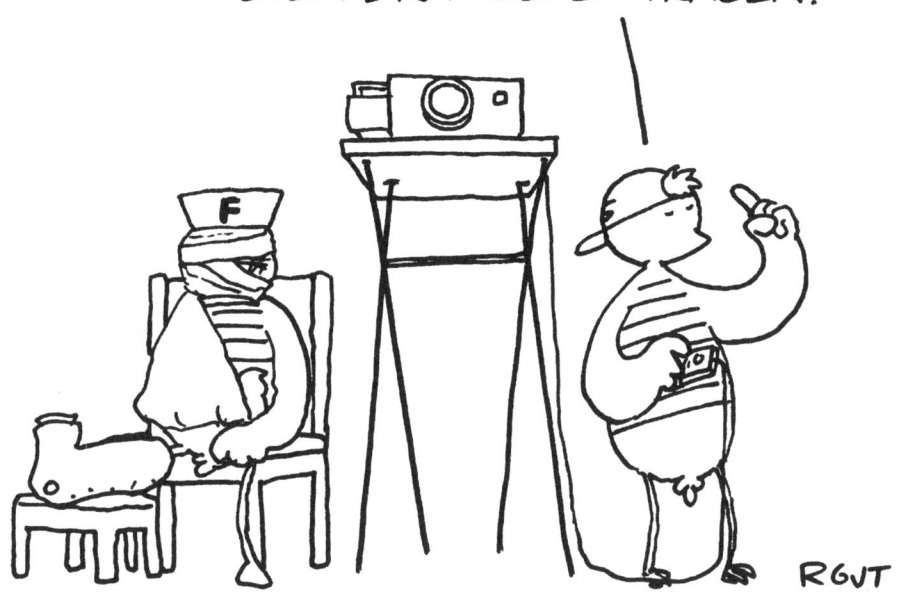

FOKKE & SUKKE
HEBBEN AAN ÉÉN WOORDENBOEK NIET GENOEG

....."TESTIKELS"...

DAT ZIJN TOCH DIE DINGEN DIE AAN EEN INKTVIS ZITTEN?

FOKKE & SUKKE
VONDEN HET NIET TE VRETEN

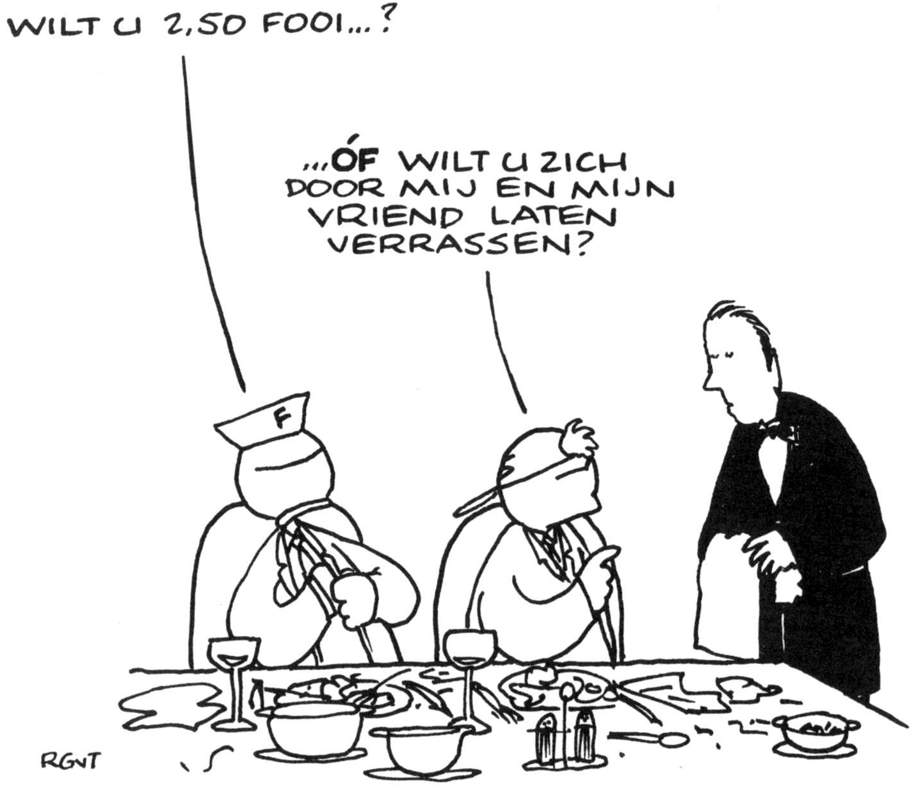

FOKKE & SUKKE
LATEN DE KEUZE GEHEEL EN AL AAN DE AANSTAANDE OUDERS OVER

"...OP ZICH EEN GEZONDE HOLLANDSE JONGEN..."

"MAAR HELAAS! IN DE FINALE VAN 'T WK 2022 SCHIET HIJ WEL OP DE PAAL!"

RGvT

FOKKE & SUKKE
HOPEN OP BEGRIP

"DOOR DE DRUKTE ZIJN WE HELEMAAL VERGETEN TE VRAGEN OF 'T GESMAAKT HEEFT!"

FOKKE & SUKKE
ZOEKEN AL TWEE JAAR NAAR EEN APPARTEMENT IN AMSTERDAM

"WIJ WILLEN GRAAG EEN BOD UITBRENGEN OP DEZE BROEK!!"

FOKKE & SUKKE
BEZOEKEN ALTIJD EVEN DE LOCALE HOLLANDSE CLUB
WACHTWOORD?
EH...NEDERLAND GAAT NAAR DE KLOTEN!
KOMT U BINNEN.
RGvT

FOKKE & SUKKE
WILLEN TOCH LIEVER WAT ANDERS
KUNNEN WE DEZE NOG RUILEN?
RGvT

FOKKE & SUKKE
FREQUENTEREN NORMALITER NIET DIT SOORT UITSPANNINGEN

VOUSVOYEREN?

BEJJEGEK, KEREL. ZEG MAAR GERUST 'JIJ' EN 'JOUW', HOOR!

FOKKE & SUKKE
ZIJN DOLBLIJ MET HUN NIEUWE PENTIUM IV

WAUW!!!

ZO SNEL IS WINDOWS NOG NOOIT VASTGELOPEN!!!

FOKKE & SUKKE
GAAN EEN EMOTIONELE ZITTING TEGEMOET

ZAAL

"WE HEBBEN NU WEER DIE VENT MET DIE EMOTIES, INTRIGES EN VEELBETEKENENDE STILTES IN Z'N VERKLARING!"

"MIJN GOD!! 'DE SOAPSERIEMOORDENAAR'!"

RGvT

FOKKE & SUKKE
ZIJN ECHTE FIJNPROEVERS

"WAT VOOR LEKKERS GAAN WE HALEN VANAVOND?"

"TWEE SAPPIGE STUDENTES OP EEN BEDJE VAN IKEA!"

FOKKE & SUKKE
WACHTEN MET SMART OP DE EERSTE WERKNEMERS VAN WIPEYOURBUTT.COM

"WAAR ZIT U?"

"... HEEL GEESTIG, MAAR WAT IS UW ADRES?"

RGvT

FOKKE & SUKKE
HEBBEN MET SPOED EEN LOODGIETER NODIG

WAT ZEGT 'IE? KAN HIJ VANDAAG NOG KOMEN?

HA HA HA HA HA

FOKKE & SUKKE
DOEN DE LOUNGE

"DE MAKKELIJKSTE DANS SINDS JAREN."

FOKKE & SUKKE
ZIJN DE HELDEN VAN DE FEESTCOMMISSIE

GEERT MAK HEEFT JA GEZEGD!!

HIJ GAAT ONS LUSTRUM-SMSJE SCHRIJVEN!!!

RGvT

FOKKE & SUKKE
SPREKEN GEEN OORDEEL UIT, ZE CONSTATEREN ALLEEN MAAR

DE VRIES!

JE KUNT ER GEEN REET VAN!!!

FOKKE & SUKKE
PAKKEN ZO'N KLUS ALTIJD GOED AAN

"EN ZIJ FREESDEN MET GROTE FREZEN..."

ÀH! JE HEBT MIJN DOE-HET-ZELF-BIJBEL AL GEPAKT.

FOKKE & SUKKE
LATEN ZICH NIET NAAIEN

"ZO DUUR?"

"WEET U NIET DAT GREENSPAN DE RENTE WEER HEEFT VERLAAGD?"

FOKKE & SUKKE
VERWACHTEN VOOR DAT GELD EEN PERFECTE SERVICE

"WAAR DIE 83 MILJOEN GEBLEVEN IS"??

DAAR VERZIN JIJ MAAR EENS EEN GOEIE ACCOUNTANTSVERKLARING VOOR.

RGvT

FOKKE & SUKKE
NOEMEN HET PAS EEN 'BLAUWTJE' ALS ZE GESLAGEN ZIJN

"EN ALS WE 'M NOG OVEREIND HADDEN KUNNEN KRIJGEN..."

"...HADDEN WE DAN WÉL 'N KOPJE KOFFIE BIJ JE MOGEN DRINKEN??"

FOKKE & SUKKE
DRAGEN EEN STEENTJE BIJ

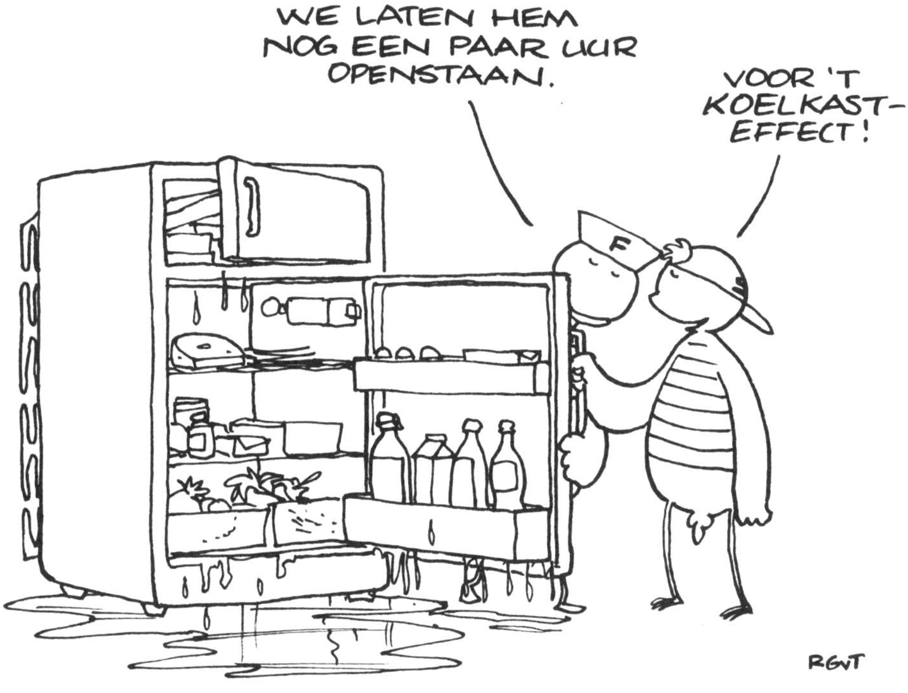

FOKKE & SUKKE
MOESTEN WEL EVEN OVER EEN DREMPEL HEEN

"MAAR NU BEHOREN WIJ ÓÓK TOT DE GROEIENDE GROEP ENTHOUSIASTE VISFUCKERS."

RGvT

FOKKE & SUKKE
MOESTEN PLOTSELING INVALLEN VOOR DE LEEUWENTEMMER

> NEE, FOKKE! IN DE **MOND** VAN DE LEEUW!

FOKKE & SUKKE
WAREN DE ENIGE GETUIGEN

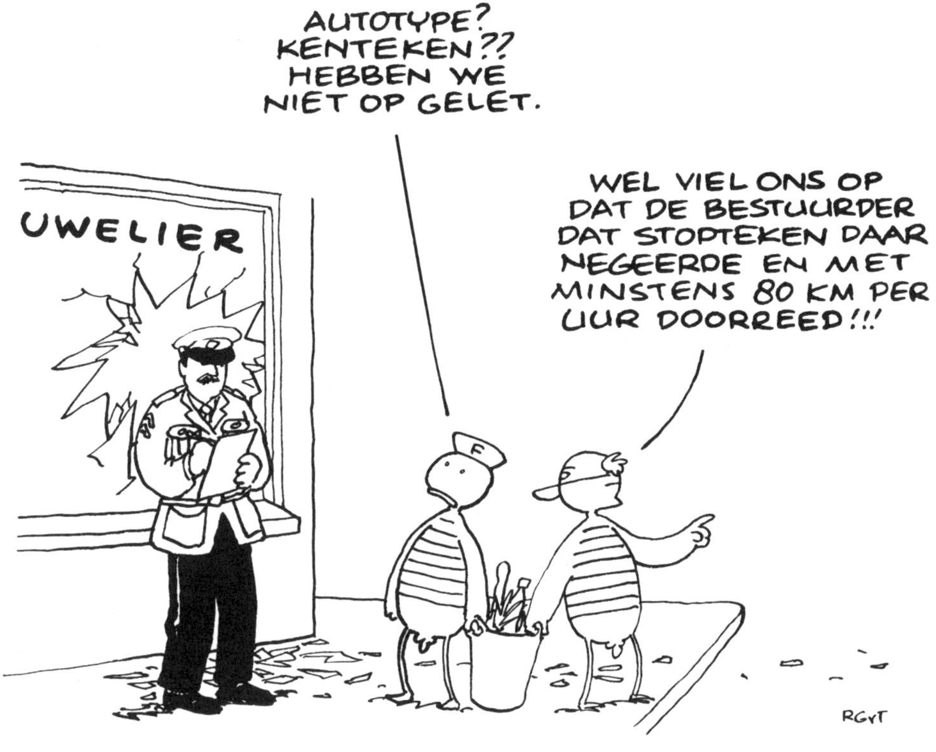

FOKKE & SUKKE
WERKEN BIJ NIET ZOMAAR EEN CALL CENTER

"IK ZET U EVEN IN DE WACHT, MEVROUW."

"WILT U DAN EEN SWINGEND SYMFONIEORKEST, OF LIEVER IETS MET EEN PANFLUIT?"

FOKKE & SUKKE
ZIJN NIET GOED IN NAMEN

"BIJ WIE VOLG JIJ DAT VAK?"

"...BIJ MEVROUW... DINGETJE ... JE WEET WEL... DIE MET DIE GROTE STUDIE- PUNTEN."

FOKKE & SUKKE
HEBBEN CONTACT MET DE DONORCHIRURG

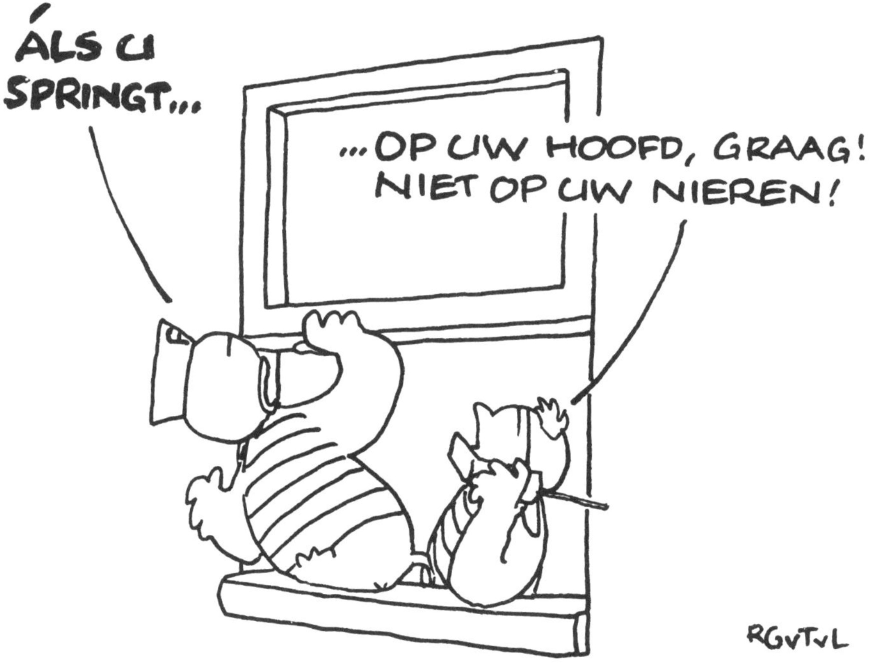

FOKKE & SUKKE
ZIJN WEER GEZAKT VOOR HUN INSTRUCTEURSEXAMEN

"VRAAG 21. U ZIT MET UW HAND ONDER DE ROK VAN EEN LEERLINGE. **MAG DAT?**"

JÁ! DAT HANGT DUS VAN DE LEERLINGE AF!!!

FOKKE & SUKKE
SCHRIKKEN OPEENS WAKKER

FOKKE! FOKKE! ZE SPELEN HET MELODIETJE VAN JE MOBIELE TELEFOON!!

FOKKE & SUKKE
ZITTEN AL JAREN IN HET VAK

ZENUWACHTIG?

...MWOI... KLEIN BEETJE PLANKENVERHOGING...

FOKKE & SUKKE
DOEN EEN ONTDEKKING IN DE MENSA

AANHANGERS VAN DE SCHIJF VAN ÉÉN!

FOKKE & SUKKE
HEBBEN GEWOON NIET HET GEDULD VOOR EEN SAFARI

JA! DAT WAS DE LAATSTE!! NU GA JE ZELF DE GIN-TONIC MAAR DRAGEN!!!

FOKKE & SUKKE
BLIJVEN AAN ZICHZELF WERKEN

GEEFT NIET.

SOMMIGE MENSEN ZIJN BETER MET HUN HANDEN.

RGvT

FOKKE & SUKKE
HADDEN DAAR NIET BIJ STILGESTAAN

"DE STAAT NEPAL STELT ZICH NIET AANSPRAKELIJK VOOR DE GEVOLGEN VAN ZUURSTOFGEBREK, BEVRIEZING EN HARD VALLEN."

FOKKE & SUKKE
HADDEN HELAAS GEEN FOTO'S VAN HUN HISTORISCHE BEKLIMMING

"IK GELOOF WAREMPEL DAT MIJN ANDERE WIJSVINGER OOK IN MIJN WANT IS BLIJVEN ZITTEN."

FOKKE & SUKKE
PRESENTEERDEN 'S WERELDS EERSTE KOOKPROGRAMMA

TIP VAN DE WEEK;...

...VUUR D'R ONDER!!!

FOKKE & SUKKE
GAAN LIEVER NIET IN OP GERUCHTEN

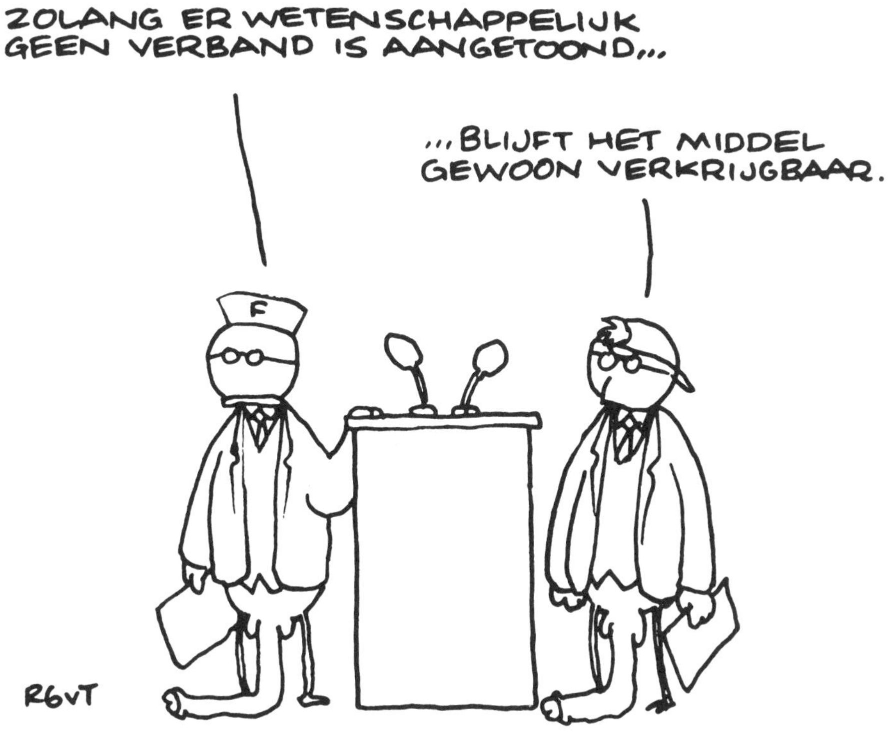

FOKKE & SUKKE

WILLEN ER WEER JONG EN VITAAL UITZIEN

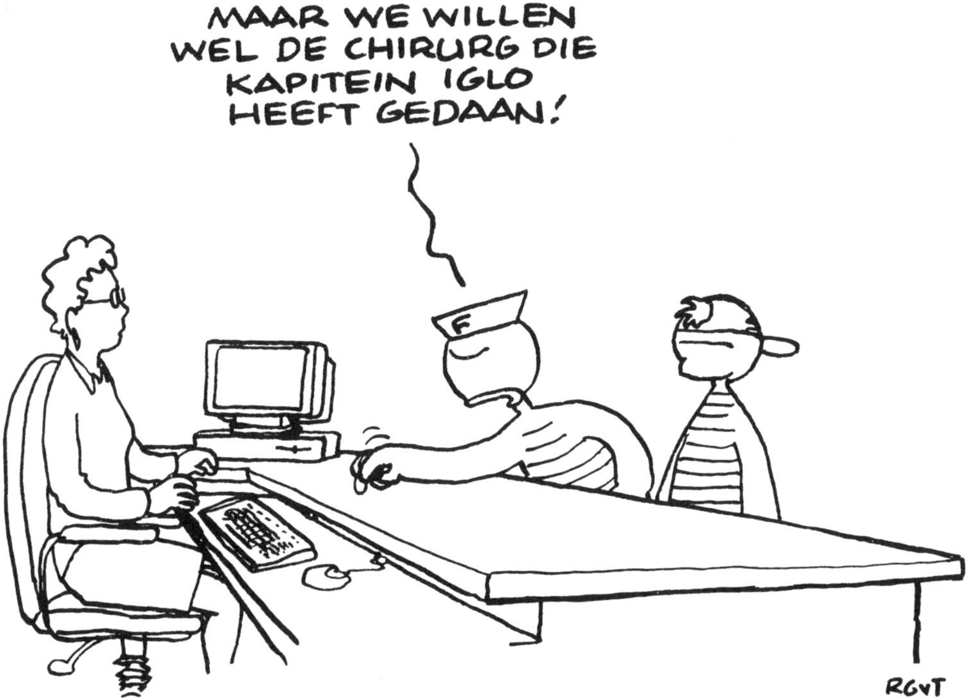

FOKKE & SUKKE

KOCHTEN DE GROOTSTE HITS ALLER TIJDEN

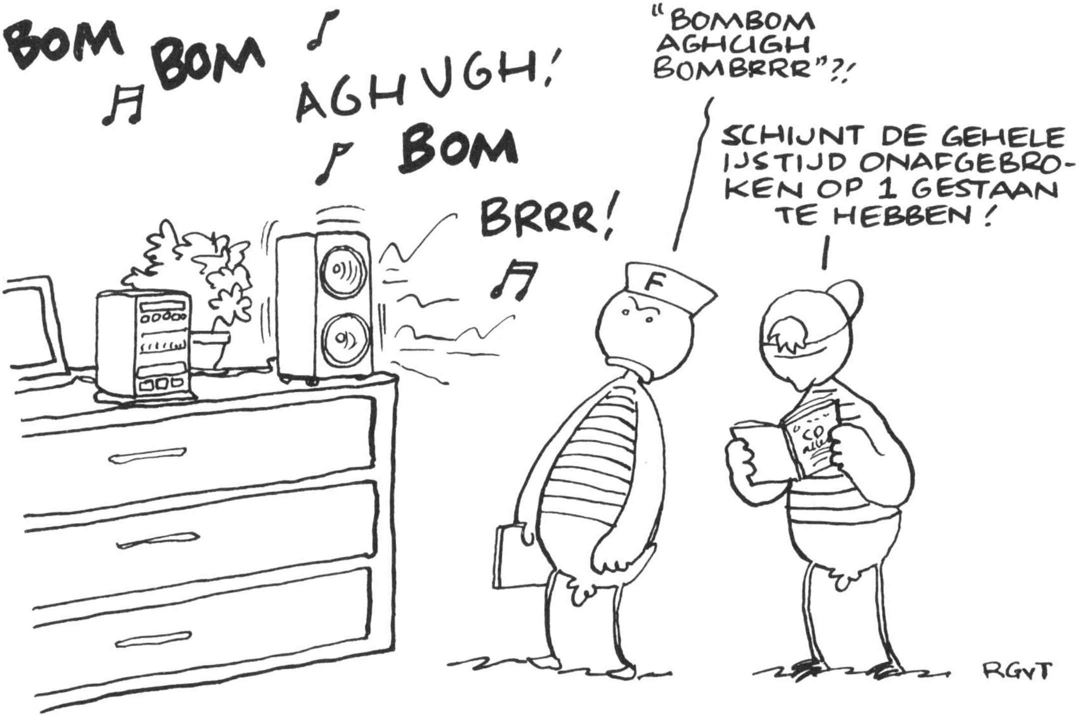

FOKKE & SUKKE
WILLEN DIT JAAR MAAR ÉÉN DING

"DAT DE SINT ZO'N ATLETISCH ZWART PIETJE BIJ ONS ACHTERLAAT!"

"...MMM!!..."

FOKKE & SUKKE
ZIJN NOG ALTIJD NIET OVER HUN JET LAG HEEN

"VOOR ONS IS HET NU NAMELIJK DRIE UUR 'S NACHTS"

"EN DAN ZATEN WE ALTIJD IN *PANCHO'S*."

FOKKE & SUKKE
WILLEN LIEVER NIET KWETSEN

WAAR ZIJN SNEEUWWITJE...

...EN DE ZES ANDERE ACHONDROPLASTEN?

RGvT

FOKKE & SUKKE
HADDEN MET DE FEESTCOMMISSIE NOG NOOIT ZO LANG VERGADERD

FOKKE & SUKKE
ETEN BUITEN DE DEUR

"JA NATUURLIJK HEEFT 'T GESMAAKT!"

"... MAAR WAARNAAR???"

FOKKE & SUKKE

WAREN EVEN AFGELEID

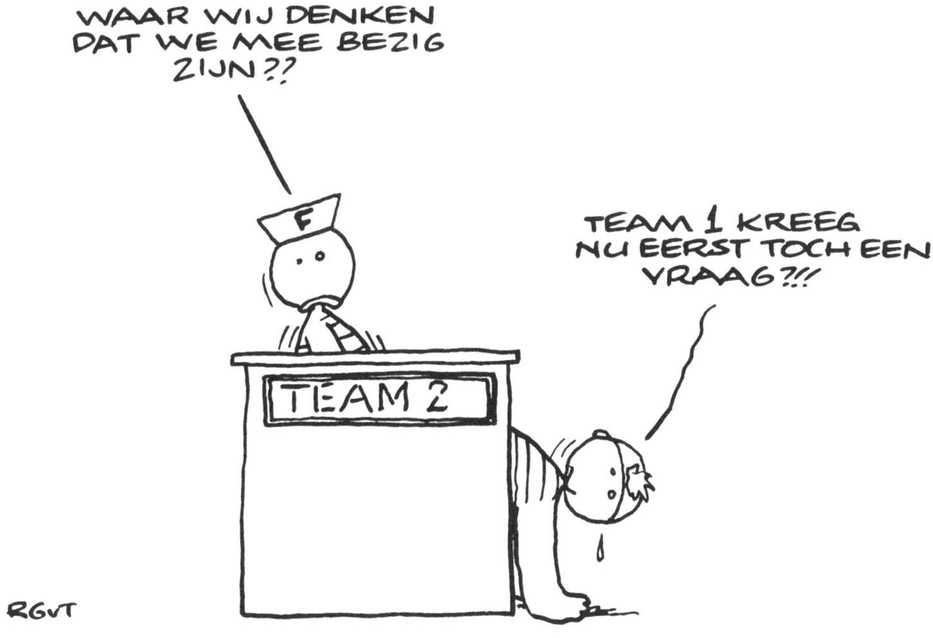

FOKKE & SUKKE
VAN OUDSHER EEN BEGRIP IN BILJARTBENODIGDHEDEN

"HEEFT U UW KEU ZE KUNNEN MAKEN?"

FOKKE & SUKKE
DOEN DE BENEFIETVEILING VAN DE PARKINSONVERENIGING

JA!! -1500! -2000! -2500! ... -3000!!! 3500! -4000!! —TOE MAAR!

IK ZIE 5000! 6000! -7000!! **DIT GAAT TE GEK, MENSEN!**

FOKKE & SUKKE
KOPEN ENKEL EKO-PRODUCTEN

ÉÉN SALLANDSE ROGGEBOL 18-GRANEN, ONGESNEDEN ALSTUBLIEFT.

EN EEN POTJE BIO PENOTTI!

RGvT

FOKKE & SUKKE
HEBBEN CONTACT MET HUN OVERLEDEN BOVENBUURVROUW

"Q-U-E-Z-W-L-Y-Z-Z-E-R"...??

NOU! NOG STEEDS ZO GEK ALS EEN DEUR!!

MAAR WEL 78 PUNTEN!!

FOKKE & SUKKE
ZIJN ALLERGISCH VOOR VERDRIET

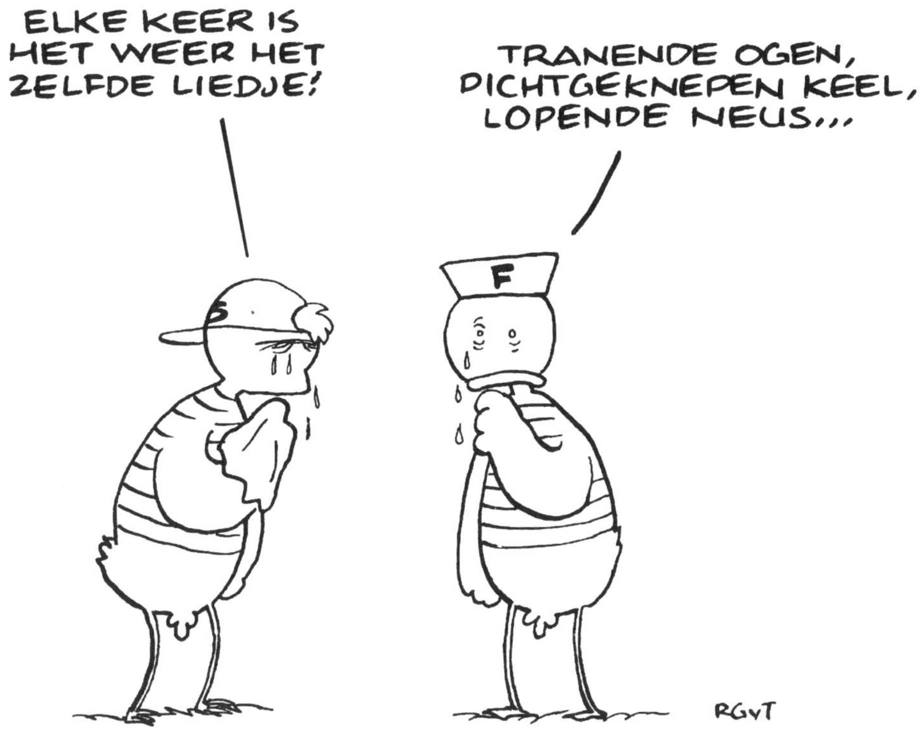

FOKKE & SUKKE
HEBBEN ALLE TARGETS RUIMSCHOOTS GEHAALD

WE HEBBEN DIT JAAR EEN KERSTPARKET GEKREGEN!

FOKKE & SUKKE
NOEMEN ZICH LIEVER UITVAART-CONSULTANTS

"ZO BIEDEN WIJ OOK HET HELE CATERINGVERHAAL..."

"BIJVOORBEELD KOFFIE... CAKE... ...EH..."

FOKKE & SUKKE
BELLEN ALTIJD EVEN VOOR ZE OP KRAAMBEZOEK KOMEN

...O... DUS 'S MIDDAGS KOMEN DE DRIE WIJZEN UIT HET OOSTEN AL?

FOKKE & SUKKE
WORDEN MAAR WEEMOEDIG VAN KERST

"DUS VANAF JANUARI 2002 NOEMEN WE DAT EEN EURO."

FOKKE & SUKKE
HEBBEN HUN ABONNEMENT OP HET PAROOL AL IN 1941 WEER OPGEZEGD

"VEEL TE VEEL PROBLEMEN MET DE BEZORGING."

RGvT

FOKKE & SUKKE
MAKEN ZICH GROTE ZORGEN

SCHOOL MET ZONDER BIJBEL

RGvT